CORPOS CRIP

Corpos *crip*
Instaurar estranhezas para existir
Christine Greiner

© Christine Greiner, 2023
© n-1 edições, 2023
ISBN 978-65-81097-74-5

Embora adote a maioria dos usos editoriais do âmbito brasileiro, a n-1 edições não segue necessariamente as convenções das instituições normativas, pois considera a edição um trabalho de criação que deve interagir com a pluralidade de linguagens e a especificidade de cada obra publicada.

COORDENAÇÃO EDITORIAL Peter Pál Pelbart e Ricardo Muniz Fernandes
DIREÇÃO DE ARTE Ricardo Muniz Fernandes
ASSISTÊNCIA EDITORIAL Inês Mendonça
GESTÃO EDITORIAL Gabriel de Godoy
PREPARAÇÃO Ana Godoy
REVISÃO Fernanda Mello
EDIÇÃO EM LaTeX Paulo Henrique Pompermaier
ILUSTRAÇÕES Thany Sanchez
IMAGEM DE CAPA Jan Brokof
CAPA Ana Lancman

A reprodução parcial deste livro sem fins lucrativos, para uso privado ou coletivo, em qualquer meio impresso ou eletrônico, está autorizada, desde que citada a fonte. Se for necessária a reprodução na íntegra, solicita-se entrar em contato com os editores.

1ª edição | Agosto, 2023

n-1edicoes.org

Christine Greiner

CORPOS CRIP

**instaurar
estranhezas
para existir**

n-1
edições

- **9** Dançando com fantasmas
- **15** O poder tóxico das metáforas e a guerra de pronomes
- **31** Do *queer* ao *crip*
- **55** Cosmopolítica, sobre o tempo dos idiotas e os corpos sem nome
- **63** Singularidades anárquicas para fabular a dor
- **81** A erosão esculpindo novos mundos

Já disseram: não importa a doença que uma pessoa tem, e sim que pessoa tem a doença... Se tenho uma doença, ela é única, já que meu corpo é único. Essa doença tem meu nome.

SOFIA KARAM, 2019

Dançando com fantasmas

A primeira vez que ouvi a palavra cripistemologia fiquei curiosa e bastante desconfiada. Dizia-me que, mais do que um movimento de resistência e subversão, o termo corria o risco de ser apenas outra armadilha para estigmatizar pessoas e modos de vida fora dos padrões de normalidade. Uma tentativa de enquadrar tudo que fosse considerado esquisito.

No entanto, quando comecei a reunir a bibliografia e a conhecer melhor os autores, percebi que, ao contrário da primeira impressão, não se tratava apenas da criação de um nome exótico para delimitar um novo nicho, mas, sim, de um movimento político insurgente muito potente. A partir da leitura de inúmeros depoimentos e discussões, observei que, embora o interesse pelas "anormalidades" não fosse recente, mais do que compilar as referências anteriores (Artaud, Sade, Bataille, Nietzsche, Foucault, Deleuze e Guattari, Derrida e tantos outros), os novos autores traziam questões muito específicas e desafiadoras, partindo de seus próprios contextos e experiências.

Alguns ensaios lembravam estudos etnográficos, outros pareciam mais próximos de manifestos e fabulações poéticas. E a cada leitura descobria pessoas extraordinárias e convictas de que a dor e o sofrimento acionam processos de criação, não se restringindo a vidas exauridas, à beira da extinção.

Não é fácil mergulhar nessas pesquisas. Embora algumas sejam até bastante bem-humoradas, há sempre um espectro abissal rondando as narrativas, uma vez que a maioria dos autores enfrenta preconceitos radicais e, não raramente, doenças incuráveis, lidando com inúmeras vulnerabilidades. Mas foi justamente por isto que decidi seguir com os estudos.

Não me lembro de ter vivido uma fase com tantas pessoas adoecendo e sendo estigmatizadas por suas singularidades. Desde 2018, minhas filhas, meus sobrinhos, alunos e amigos próximos têm enfrentado crises relacionadas a doenças autoimunes, câncer, distúrbios alimentares, problemas com drogas e conflitos pessoais extremos, entre outras adversidades. Mesmo levando em conta que tais situações são muito distintas entre si, algo parece enlaçar essas pessoas e, algumas delas decidiram começar a compartilhar suas histórias, transformando suas vulnerabilidades em processos de criação.

O que tem sido chamado de cripistemologia (ou epistemologias nascidas de estados aterrorizantes) não traz, evidentemente, respostas ou soluções. Não se trata de uma versão atualizada dos livros de autoajuda, mas de uma abertura para trilhas que exploram novas perspectivas para lidar com a diversidade de situações.

Minha proposta ao apresentar essa rede de corpos *crip/creepy* (arrepiante, assustador, estranho) tem em vista fortalecer a hipótese de que produzir conhecimento (e conhecer) é sempre um movimento que parte de um corpo – por mais frágil e debilitado que seja –, de modo a instaurar novos modos de existência ou, como preferem alguns autores, novas formas de vida.

Quando digo "corpo", é importante de saída explicar que nenhum corpo é apenas um, uma vez que a noção monolítica de corpo, pronto, autossuficiente, essencial e limitado pela fronteira de sua própria pele, não faz nenhum sentido. Corpo, neste contexto, é corpomídia (como costumamos nomear, Helena Katz e eu), um conceito-experimento nascido de uma teoria em movimento que resiste às fronteiras disciplinares e tende cada vez mais a se tornar uma ação (corpar, tal como tem sugerido a própria Helena)[1] – mas pode ter outros nomes, visto esta pesquisa viver contaminada por uma pluralidade promíscua de ideias e acontecimentos.

Seja como for, tem sido importante seguir dançando com alguns fantasmas. São espectros de doenças, de biopoderes, de pessoas vivas e mortas que me assombram.

Porém, é importante lembrar que também danço com seres encantados. São eles que abrem caminhos através de imagens, poemas, ensaios, performances e fabulações para decantar os movimentos e seguir acreditando.

---

1. Helena T. Katz, "Corpar. Porque corpo também é verbo", in Helena Bastos (org.), *Coisas vivas: fluxos que informam*. São Paulo: eca-usp, 2021.

O poder tóxico das metáforas e a guerra de pronomes

Além dos produtos químicos com os quais estamos lidando o tempo todo, as palavras e as imagens também podem intoxicar. Isto não é novidade. Como tantos autores já apontaram, o colonialismo, o capitalismo e outras fontes de poder são cascatas inesgotáveis de metáforas com habilidade para envenenar pouco a pouco, instaurando referências que induzem ao que deve ser considerado correto, saudável, admissível, produtivo e desejável.

O que foge a esses parâmetros é reiteradamente lançado em categorias abjetas, para ser descartado, exaurido, subalternizado, considerado indigno, perigoso ou simplesmente desprezível. Isso vale para pessoas, movimentos, imagens e pensamentos.

A lógica binária reincidente nessas práticas de poder explicitou a gênese de relações autoritárias a partir de uma guerra de pronomes (eu-outro, meu-seu, ele-ela, nós-vocês). Além disso, fortaleceu estereótipos infiltrados no senso comum e ancorados em paradigmas modernos, como explicou Steve Pinker:[1] a tábula rasa (John Locke), o bom selvagem (Jean-Jacques Rousseau), e o fantasma na máquina (Gilbert Ryle a partir de René Descartes). Essas matrizes epistemológicas, somadas às leis concebidas por George Boole (1815-1864), promoveram uma estabilidade fictícia para definir a natureza humana e todas as relações binárias dela decorrentes, tais como as fronteiras compartimentadas entre dentro e fora, natureza e cultura, corpo e mente.

Sem dúvida, Boole construiu uma proposta matemática fundamental para o contexto computacional, mas ela acabou persistindo no âmbito das auto-organizações vivas, revelando alteridades paralisantes.

O médico e biólogo Henri Atlan conta, em *Entre o cristal e a fumaça*,[2] que a própria história da biologia foi muito marcada pela tentativa de escavar essas fissuras. Um bom exemplo foi o esforço para isolar uma estrutura celular, a fim de compreender os mecanismos de reprodução. Porém, toda vez que os cientistas tentavam fixá-la, a célula morria. A única coisa possível era representá-la, descrevendo a sua lógica, formulando

---

1. Steven Pinker, *Tábula rasa, a negação contemporânea da natureza humana*, trad. Laura Teixeira Motta. São Paulo: Companhia das Letras, 2002.
2. Henri Atlan, *Entre o cristal e a fumaça, a organização do ser vivo*, trad. Vera Ribeiro. Rio de Janeiro: Jorge Zahar, 1992.

perguntas e reconhecendo que as organizações dinâmicas contam com duas noções simultâneas: por um lado, a repetição, a regularidade e a redundância; e, por outro, a variedade, a improbabilidade e a complexidade.

É claro que, desde 1979, quando Atlan publicou este livro, muita coisa mudou no âmbito dos experimentos científicos. No entanto, as oscilações entre o fantasma e o cadáver, a fumaça e o cristal, ainda hoje, parecem potentes, tanto para analisar os contextos celulares quanto para observar outros modos de organização de vivos e mortos.

Há evidências de que não apenas a célula morre ao ser apartada da sua complexidade, mas também as pessoas e as ideias. Os sistemas rígidos, avessos aos fantasmas e à fumaça (e aos processos auto-organizativos sem gerenciamento central), são os mais propícios à extinção do movimento e, portanto, da vida.

Um ano antes da publicação do livro de Atlan, Edward Said havia lançado *Orientalismo, o Oriente como invenção do Ocidente*,[3] livro que se tornou rapidamente uma referência para analisar as práticas discursivas autoritárias dos colonizadores europeus. Apesar de estar preocupado com questões distintas daquelas

---

3. Edward Said, *Orientalismo, a invenção do Oriente pelo Ocidente*, trad. Rosaura Eichenberg. São Paulo: Companhia das Letras, 2007.

formuladas por Atlan, Said também observava as consequências nefastas de extirpar algo da sua complexidade – fosse este algo uma cultura ou uma pessoa.

Ao saquear a singularidade das vidas orientais, restava apenas uma espécie de identidade substituta, subterrânea e clandestina, não raramente estigmatizada como imagens recorrentes de um outro ficcional. Nessas situações, pairava sempre uma relação de poder e de dominação, transitando por graus variados de hegemonia e autoritarismo.

No entanto, como observou Said, havia uma armadilha tácita na relação entre colonizado e colonizador. O Oriente não foi orientalizado apenas porque se descobriu oriental no discurso dos europeus do século XIX, mas também porque permitiu, em diversas circunstâncias, que o tornassem oriental. Esta seria uma das consequências nefastas do processo de colonização, que, evidentemente, não significa um consentimento generalizado ou uma passividade da parte dos colonizados, encontrando nuances e armadilhas que vêm sendo chamadas de orientalismo interior ou auto-orientalismo.[4]

---

4. Ver a este respeito o livro que organizei com Marco Souza e Paula Faro, *Novos orientalismos e micropolíticas anticoloniais*. São Paulo: Annablume, 2022.

Como bem notou Achille Mbembe,[5] patriarcado e colonialidade formam uma mesma trama, em diversos sentidos, e, de acordo com Homi Bhabha,[6] apresentam diferentes modos de mimetizar o colonizador. A fase mais profunda deste processo é aquela em que o colonizado adere à imagem que o colonizador faz dele e passa a replicar os estereótipos. Em certas circunstâncias, isto se dá de modo inconsciente no corpo daqueles que vivem esta situação, todavia, em outras, a mimese é também uma estratégia deliberada para garantir a inclusão no contexto do outro. Habitar o ambiente do colonizador faz parte, muitas vezes, de uma certa política de representatividade que insiste, mesmo mostrando-se ineficiente para desfazer as relações de poder.

Exemplo disso é quando o corpo negro, o corpo trans, o corpo deficiente e o corpo indígena (para citar apenas algumas tipicidades) aparecem sob holofotes midiáticos e se convertem em uma verdadeira máquina do tempo, repetindo os problemas já vividos no passado. Uma vez tornados visíveis sob a lente da inclusão identitária, correm novamente o risco da exclusão, na medida em que continuam sendo estigmatizados. Jota

---

5. Achille Mbembe, *Brutalismo*, trad. Sebastião Nascimento. 2. ed. São Paulo: n-1 edições, 2022.
6. Homi Bhabha, *O local da cultura*, trad. Myriam Ávila, Eliana Lourenço de Lima Reis e Gláucia Renate Gonçalves. Belo Horizonte: Ed. da ufmg, 2003.

Mombaça diagnosticou este processo ao comentar a Festa Literária Internacional de Paraty (FLIP), em Paraty, na qual o livro do "escritor indígena" Ailton Krenak estava entre os mais vendidos, assim como o seu, obra de "uma bicha não binária". Mombaça tem discutido, de maneira muito potente, estratégias para explicitar e desfazer os estigmas nos quais as singularidades são sempre transformadas.[7]

Como embaralhar esse quebra-cabeça de práticas discursivas evitando a replicação como mera inversão das relações de poder, que nada desestabilizam no sentido lógico das operações?

Há uma instância corporal que é justamente onde e como os discursos se constituem. Esta é sempre múltipla, a começar pela própria definição de corpo como uma complexidade inacabada envolvendo um organismo, mas não restrita a ele. Na prática, tanto binarismos como dualismos terminam por se constituir como procedimentos excludentes que assombram sem cessar os debates sobre identidade, gênero, colonialismo, racismo, ecologia e outros tópicos.

É preciso então lançar enxames de ideias-movimentos que possam fortalecer a insurreição das multiplicidades. Esta tem sido, justamente, a proposta dos

---

7. Jota Mombaça, *Não vão nos matar agora*. José Fernando Peixoto de Azevedo (org.). Rio de Janeiro: Cobogó, 2021.

estudos *crip*. Além de esgarçarem as epistemologias em proveito de outros modos de conhecer, ajudam a desafiar as referências e categorias dadas, focando na gênese dos processos: naqueles momentos em que o conhecimento estava sendo gerado ainda sem uma gramática reconhecível, como um estado corporal estranho, um desequilíbrio, um tsunami prestes a destruir todas as barragens.

As tentativas de diversificar as epistemologias têm algo em comum com a noção de empirismo radical proposta por William James[8] – autor que nunca separou teoria de prática, tampouco mente de corpo.

De acordo com James, o único modo de conhecer é conhecer corporalmente, pois a mente emerge do corpo e de nenhum outro lugar. São as singularidades corporais que acionam o modo como o conhecimento se organiza. Por isso, a prática nunca foi uma oposição à reflexão teórica, e sim um modo de considerar realidades, pensamentos, conhecimentos, e também as ações *enquanto estão se produzindo*. A leitura de um livro, ao ativar pensamentos e organizar conhecimentos, é com certeza um exercício tão exaustivo quanto uma maratona.

A James interessava como articulamos ideias e o que fazemos com elas. Ou seja: há sempre algo *sendo feito*.

---

8. David Lapoujade, *William James, a construção da experiência*, trad. Cassiano Terra Rodrigues. São Paulo: n-1 edições, 2017.

No entanto, este algo não deve ser reduzido a alguma coisa imediatamente reconhecível. O conhecimento se dá em fluxo e o pensamento acontece. A consciência se forma aos poucos e é sempre o corpo que ativa o que pode ser pensado; ela se constitui a partir dos mapas que o corpo desenha em um fluxo incessante entre dentro e fora.

Pluralizar a noção de conhecimento e reconhecer perspectivas que escapam aos padrões do que é considerado conhecimento implica apartar a experiência de conhecer das noções de eficiência e produtividade. Não se trata de *conhecer bem* ou de *conhecer muito* de acordo com modelos dados, mas, sim, de *conhecer a partir da singularidade dos corpos e de seus modos de existência*.

Não cabe aqui explicar as relações entre os diferentes sistemas que constituem nosso organismo e os modos como estão sempre vazando para além da pele. Há filósofos e cientistas que desbravaram essas conexões para analisar como emergem a memória, a consciência, os sentimentos, as emoções e a cognição. Alguns, como António Damásio, interessaram-se em seguir caminhos trilhados por James e Espinosa, explicando, por exemplo, como os sentimentos proporcionam aos organismos experiências da sua própria vida, constituindo-se a partir de movimentos que não agem apenas dentro do organismo, mas também que provêm das afecções externas.

O que sentimos e como sentimos nada mais é do que a leitura de como se encontra o organismo, ou parte dele, de momento a momento.

Para esses autores, o conhecimento é uma prática. Aquilo que se busca estabilizar na ação de conhecer tem a ver com a insistência em continuar existindo e, em termos discursivos, trata-se de uma luta contra os artigos definidos maiúsculos, como O real, A existência, O corpo, O sujeito e O *self*.

Toda vez que o organismo sofre algum tipo de perturbação, experimenta uma sensação visceral estrangeira. Por se tratar de uma sensação corporal, Damásio atribuiu a este fenômeno o nome de estado somático.[9] Além disso, observou que todo estado corporal "marca" uma imagem ou um fluxo de imagens, uma espécie de cartografia que o cérebro realiza incessantemente, mapeando o que acontece no corpo. A função do marcador somático é chamar atenção para o resultado de uma ação, como uma espécie de alarme que anuncia um perigo ou desestabilização

---

9. António Damásio, *A estranha ordem das coisas, as origens biológicas dos sentimentos e da cultura*, trad. Laura Teixeira Motta. São Paulo: Companhia das Letras, 2018.

para o organismo. Quando isto acontece, o corpo pode rejeitar imediatamente a situação desconfortável ou optar por alternativas, que é justamente o que ocorre na gênese da cripistemologia. Ao invés de rejeitar ou esforçar-se para normalizar a situação, parte-se do desconforto e da dor para se reinventar.

Essa reinvenção não é um assunto exclusivamente biológico, mas justamente um modo de mostrar como nada é absolutamente orgânico, tampouco estritamente cultural.

Os marcadores estão sempre presentes como uma ação primordial do corpo que marca uma imagem, detecta as perturbações e aponta caminhos. Mas eles não agem sozinhos. É também o próprio Damásio quem explica que o comportamento pessoal e social acontece juntamente com a constituição de teorias. Por isso, toda teoria já é, inevitavelmente, uma ação.

Menciono essas pesquisas que tenho estudado nos últimos anos para afirmar que as teorias *crip* não são um tipo específico de teoria, mas, como toda teoria (de acordo com Damásio), são um modo de produzir conhecimento a partir das leituras que o corpo faz de si próprio, dos ambientes e de possíveis compartilhamentos.

Ao marcar suas singularidades, corpos *crip*, assim como todos os outros corpos, disponibilizam-se às mudanças, e assim fazem pensar/agir. O que diferencia este pensar/agir é que se trata de um pensar/agir político, no sentido biopolítico de afirmar políticas para a vida.

A fim de introduzir a vasta produção bibliográfica em torno das cripistemologias, escolhi focar inicialmente em alguns estudos publicados a partir dos anos 2000, buscando uma noção expandida de vida e inteligência. Porém, o critério não foi apenas cronológico: optei, sobretudo, por estudos que pensam as mudanças lógicas, sem me preocupar com um panorama exaustivo.

Simultaneamente aos depoimentos pessoais, há um questionamento do antropocentrismo que ajuda a pensar a constituição de si como uma operação anárquica e criadora para explodir a clausura da separação entre sujeitos e objetos. Este é um tema muito instigante que será apenas mencionado rapidamente aqui, pois pretendo me dedicar a ele, com mais calma, em outro momento.

O que me interessa agora é me aproximar de como se dá essa tal operação que instaura diferentes modos de existir a partir de corpos e circunstâncias fora dos padrões. Trata-se, antes de tudo, de uma questão lógica: a lógica da reinvenção de si a partir de estados de vulnerabilidade que testam desidentidades e despossessões como manifestos somatopolíticos não enclausurados nas lógicas binárias e em nenhuma expectativa de sucesso neoliberal.

Não por acaso, há um espectro de Antonin Artaud que inunda essas discussões. Enquanto começava a escrever este ensaio, finalizava a tradução do livro do filósofo Kuniichi Uno,[10] *Artaud, pensamento e corpo*, e não pude deixar de criar conexões com os debates das cripistemologias.

Artaud considerava que seu principal ofício não era nem a dramaturgia, nem a direção teatral, tampouco a escrita ensaística, o desenho e o trabalho de ator, mas, sim, a reinvenção de si. Segundo ele, diante de nosso inacabamento perpétuo e do fato de sermos todos inevitavelmente mal construídos, nada nos restaria a não ser o ofício de, para sempre, nos reinventarmos, lidando com impermanências e excentricidades, escapando eternamente das instituições e seus centros (de saber e poder).

Esta é também a proposta de outros autores que travaram suas guerras particulares contra o determinismo biológico, como Paul Preciado com seu manifesto somatopolítico[11] e, muitos séculos antes, o monge

---

10. Kuniichi Uno, *Artaud, pensamento e corpo*, trad. Christine Greiner, Ernesto Filho e colaboração de Ana Godoy. São Paulo: n-1 edições, 2022.
11. Paul B. Preciado, *Testo junkie: sexo, drogas e biopolítica na era farmacopornográfica*, trad. Maria Paula Gurgel Ribeiro. São Paulo: n-1 edições, 2018.

Dôgen[12] e alguns pioneiros da medicina chinesa,[13] que reconheciam um *self* somático mais próximo do vento do que de um organismo universal e imutável. Pode-se afirmar que, em diversas culturas ancestrais, como é o caso da chinesa, os tratados sobre o vento orientaram concepções de espaço e tempo, poesia e política, geografia, bem como as noções fluidas de si mesmo.[14]

Porém, antes de seguir adiante, parece-me importante observar com calma algo que mencionei brevemente: os *modos de existência*. Étienne Souriau é um autor que não costuma aparecer na bibliografia crip, mas que observou um detalhe fundamental para essas discussões: não basta existir por existir, pois, para *realmente* existir, é preciso instaurar um *modo de existência*.

No belo livro de David Lapoujade[15] acerca da obra de Souriau, há uma passagem na qual o autor explica que experimentar é tentar responder da melhor forma possível a perguntas não formuladas. Somente ao

---

12. Para entender melhor a noção de *self* somático em Dôgen, ver Shigenori Nagatomo, *Attunement through the body*. Nova York: State University of New York Press, 1992.
13. Sobre medicina chinesa, ver Kuriyama Shigehisa, *The Expressiveness of the Body, and the Divergence of Greek and Chinese Medicine*. Nova York: Zone Books, 1999.
14. Discuti com mais atenção estas questões da medicina chinesa e japonesa, assim como possíveis aproximações com o Ocidente, no livro *Leituras do corpo no Japão e suas diásporas cognitivas*. São Paulo: n-1 edições, 2015.
15. David Lapoujade, *As existências mínimas*, trad. Hortencia Santos Lencastre. São Paulo: n-1 edições, 2017.

responder, saberemos qual era a pergunta que não tínhamos chegado a elaborar. Cada gesto será, então, uma proposição de existência. Um gesto pelo qual se afirma o direito de existir.

Nesse sentido, a intensificação de uma existência teria sempre como correlato o seu direito de existir, o qual não dependeria apenas de quem ou daquilo que existe, mas de uma conexão que pode ser chamada de *modo de instauração*.

Isso significa que o direito de existir não se restringe a sua facticidade ou a sua irredutível contingência. Como explica Lapoujade, o problema mais elementar na obra de Souriau é a necessidade de *realmente* existir.

Pensando em Artaud, Souriau, e em tantos outros pesquisadores que serão aqui apresentados, concluí que existir fora dos padrões, com as próprias singularidades, é algo que certamente pede por uma instauração. Há sempre um esforço imenso para evitar o confinamento na vala comum das esquisitices e das doenças, e, em certas condições, a passagem entre existir e *realmente existir* se torna complexa demais e por esta razão necessita de conhecimentos e estratégias específicas.

Disso tudo, o que me parece ainda mais instigante é observar como essa rede alimentada pelas teorias *crip* pode vir a explodir a própria noção de campo de conhecimento e de epistemologia como formas dadas e categorias fixas. Talvez, esta seja a grande contribuição – com a qual outros filósofos já flertaram – que agora ganha novas perspectivas ao atravessar mundos que vagueiam por diferentes eixos temporais, ziguezagueando para trás e para a frente.

Afinal, será que ainda precisamos organizar bases e fundamentos para o conhecimento, classificando-o em especialidades?

Apesar de todas as críticas e discussões, é desolador perceber como ainda vigora a noção de disciplina e áreas de conhecimento na educação. Não seria o momento de esgarçar o experimentar/conhecer, sem necessariamente partir de referências generalizantes entre pares reconhecidos por parâmetros de eficiência dados?

A diversidade radical proposta pelos cripistemologistas poderá, finalmente, pluralizar a força política e valorizar os movimentos singulares sem estigmatizá-los?

Do queer ao crip
uma breve história das cripistemologias

Um dos livros que me chamou atenção por tentar organizar uma das primeiras cartografias das teorias *crip* foi *Crip Theory: Cultural Signs of Queerness and Disability*, de Robert McRuer.[1] Como diz o título, o autor sugere que essas teorias nasceram principalmente das culturas *queer* e de manifestos muito variados de pessoas consideradas fora do padrão heteronormativo branco europeu.

Algumas pesquisas e depoimentos já vinham propondo discussões em torno do tema, embora não usassem necessariamente a mesma terminologia. O próprio McRuer menciona ativistas importantes como Cherríe Moraga e Gloria Anzaldúa, que publicaram, em 1981, *This Bridge Called my Back: Writings by Radical Women of Color*,[2] propondo uma série de discussões sobre como não é possível generalizar o feminismo como um movimento padronizado para toda e qualquer mulher.

1. Robert McRuer, *Crip Theory: Cultural Signs of Queerness and Disability*. Nova York: New York University Press, 2006.
2. Cherríe Moraga e Gloria Anzaldúa (orgs.), *This Bridge Called my Back: Writings by Radical Women of Color*. Berkeley: Third Women Press, 1981.

Além disso, explicitaram a necessidade de repensar a noção de *borderland* e as condições *mestizas* de ambas. Anzaldúa contou sobre sua convivência com a diabete (doença que acabou lhe tirando a vida), relatando as dificuldades de viver fora dos padrões, em diversos sentidos, simultaneamente.

Outra autora mencionada por McRuer é Eve Kosofsky Sedgwick, que, em 1990, publicou *Epistemology of the Closet*, entre outros ensaios como *Fat Art, Thin Art* e *Touching Feeling, Affect, Pedagogy, Performativity*.[3] Sua proposta de uma epistemologia do armário mostrou como a metáfora do "armário" ia muito além das sexualidades não binárias e poderia ser reconhecida em inúmeras situações nas quais pessoas fora dos padrões precisavam esconder suas singularidades, fossem estas relacionadas a posições políticas, cor da pele ou qualquer outra singularidade corporal. Sedgwick morreu prematuramente, em virtude de um câncer de mama, mas seus livros e ensaios se tornaram divisores de águas para lidar com as opacidades questionadas pelas teorias *crip*.

Embora valendo-se de experiências distintas entre si, o ponto de partida de todos esses estudos é a desestabilização da ordem das coisas e dos modos pelos

---

3. Eve Kosofsky Sedgwick, *Epistemology of the Closet*. Berkeley: University of California Press, 1990; *Fat Art, Thin Art*. Durham: Duke University Press, 1994; *Touching Feeling, Affect, Pedagogy, Performativity*. Durham: Duke University Press, 2003.

quais estereótipos são construídos, naturalizados e incorporados nas complexidades sociais, econômicas e culturais. O desafio principal é descobrir estratégias para provocar mudanças e ampliar os ativismos.

Em 2014, McRuer e Merri Lisa Johnson organizaram um encontro que deu origem a um artigo publicado, logo em seguida, pelo *Journal of Literary & Cultural Disability Studies*, sob o título "Proliferating Cripistemologies: A Virtual Roundtable".[4] Na ocasião, as conversas buscavam entender como as estratégias iniciais vinham sendo difundidas, criando reverberações em outros contextos culturais.

Uma das participantes, Lisa Duggan, foi justamente quem cunhou o termo cripistemologia, em 2010. Duggan havia publicado seu livro de memórias, *Girl in Need of a Torniquet*,[5] contando suas experiências com personalidade (supostamente) *borderline* e contestando a patologização das identidades consideradas deficientes.

É importante observar que foi McRuer quem lançou a proposta das teorias *crip*, mas coube a Duggan chamar

---

[4]. Robert McRuer e Merri Lisa Johnson, "Proliferating Cripistemologies: A Virtual Roundtable", *Journal of Literary & Cultural Disability Studies*, v. 8, n. 2, 2014, pp. 149–169. Doi: 10.1353/jlc.2014.0013.

[5]. Merri Lisa Duggan, *Girl in Need of a Torniquete: Memoir of a Borderline Personality*. Berkeley: Seal Press, 2010.

atenção para as epistemologias que começaram a indagar sobre como lidar com segregações, estados de dor constante e exclusões.

Durante o debate, Duggan insistiu em trazer a questão do acesso, que, a seu ver, tornou-se uma palavra-chave para lidar com as impossibilidades das pessoas *crip*. O acesso, assim como a falta de acesso, aparece o tempo todo quando se pensa a organização das cidades, das instituições, o comportamento das pessoas no cotidiano, as redes de saúde, a indústria farmacêutica e todo tipo de segregação. Levanta também questões relativas à mobilidade, à obtenção de informação e às práticas políticas em geral.

Mas a pergunta mais importante dos debates é se, afinal, a invenção de cripistemologias pode engajar, mais criticamente, as tentativas históricas de produzir conhecimento e as ações políticas, de modo a conectar narrativas individuais, depoimentos e manifestos, para criar acessos e redes.

Na mesma mesa-redonda, Susan Schweik lembrou ainda que a noção de *crip* surge para se opor à ideia de sucesso da execução. Este parâmetro de sucesso fortalece o equívoco de que apenas pessoas "saudáveis e normais" podem executar tarefas para produzir conhecimento. Ela lembra os primeiros ativistas como

Paul Hunt (1937–1979),[6] que escreveu extensivamente sobre suas internações em razão da atrofia muscular, da esclerose múltipla e de outros problemas, explicitando as dificuldades de acesso e seus modos de resistir. Além de Hunt, Schweik menciona Josephine Miles (1911–1985), poeta que sofria de artrite grave, o que a obrigou a estudar em casa ao longo de boa parte da vida, até finalmente conseguir cursar a Los Angeles High School, onde foi colega do músico e performer John Cage, dando início a muitos debates sobre a abertura de caminhos para o conhecimento. Após completar a formação, tornou-se professora em Berkeley, e é considerada pioneira das Humanidades Digitais.

Esses exemplos já demonstravam como aquilo que aparentemente falha pode dar muito certo. É também o que argumenta Jack Halberstam, para quem toda cripistemologia deveria se identificar com modos de não conhecer, falhando deliberadamente em saber.

O tema da falha ou do fracasso tem estado presente na pesquisa de Halberstam desde que publicou *The Queer Art of Failure*,[7] em 2011, e em seus primeiros textos, quando ainda assinava como Judith Halberstam.

---

6. Paul Hunt, "A Critical Condition" in Paul Hunt (org.), *Stigma: The Experience of Disability*. Londres: Geoffrey Chapman, 1966, pp. 145–59.
7. Jack Halberstam, *The Queer Art of Failure*. Durham: Duke University Press, 2011.

Desde então, tem desenvolvido uma argumentação acerca de alternativas às expectativas de sucesso do capitalismo e da cultura heteronormativa, usando, muitas vezes, o humor e o lúdico através da exemplificação com desenhos animados, filmes e outras mídias. Segundo Halberstam, o cotidiano *queer* muitas vezes zomba dos parâmetros de sucesso e empreendedorismo, apontando outros modos de vida. Não sem motivo, Halberstam usa diversos exemplos de livros infantis e filmes de animação que exploram ângulos distintos de visão, flertando com as impossibilidades e selvagerias.

Nesse sentido, se as epistemologias convencionais presumem um sujeito que sabe, a cripistemologia começa e termina com alguém reconhecendo como sua habilidade é limitada e como o corpo vulnerável garante apenas um acesso temporário e instável ao conhecimento, seja para falar, lembrar ou conectar.

Se imaginarmos uma política baseada nessas formas "negativas" de conhecer, esta não seria uma identidade política, tampouco implicaria as mesmas ações dos executores ou sabedores.

A cripistemologia faz emergir uma política de deliberada fragilidade (e imprevisibilidade), que nada tem a ver com o ficar inerte sem ação, mas, em vez disso, concentra-se na recusa em habitar os parâmetros neoliberais de ativação. Trata-se de um outro tipo de movimento que emerge das opacidades.

O documentário da BBC, *The Woman who Thinks like a Cow*[8] é um outro bom exemplo. Mary Temple Grandin é uma psicóloga e zootecnista diagnosticada com autismo de alta funcionalidade e que, por conta desta singularidade, revolucionou as técnicas para lidar com rebanhos e cuidados com os animais, sendo também professora da Universidade Estadual do Colorado. Grandin explica que, para desenvolver seu método, negligenciou o que se costumava fazer e passou a prestar atenção em detalhes como sons, brilhos, reflexos e a escuridão entre frestas. Assim, criou sistemas para diminuir os sofrimentos dos animais e lidar melhor com os rebanhos.

Como observa Halberstam, este foi um novo modo de conhecer, através de formas contraintuitivas de não saber, que ajudaram a criar estratégias de maneiras inusitadas. Afinal, o que os corpos estranhos aos padrões fazem é inventar modos singulares de viver.

Emma Kivisild, que se apresenta como uma deficiente *queer* feminista, é outro caso.[9] Ela conta como, em

---

8. *The Woman who Thinks like a Cow*. bbc série documental para televisão. Direção: Ema Sutton, episódio 17, 8 de junho de 2006.

9. Kivisild é artista e escritora, uma das colaboradoras da coleção de contos *Body Breakdowns: Tales of Illness & Recovery*. Janis Harper (org.). Vancouver: Anvil Press, 2007.

vez de negar ou tentar normalizar suas singularidades, foi sendo afetada por tudo o que a constituiu durante a vida: a cadeira de rodas, os médicos homofóbicos, a esperança de novos tratamentos e as discussões de Trinh T. Minh-ha[10] sobre o *self* situado. Sugere que as cripistemologias são epistemologias da derrapagem e das nuvens de significado. Se, durante a trajetória de Kivisild, suas histórias e experiências foram consideradas como um conhecimento não acadêmico e não autêntico para alguns críticos; a seu ver, elas seriam de fato um modo de escorregar pelas beiradas e habitar as nuvens, o que foi justamente sua garantia de instauração como uma pessoa que realmente existe.

Outra pesquisadora muito presente nas discussões *crip* é Jasbir Puar, autora do livro *The Right to Maim: Debility, Capacity, Disability*,[11] além de outros artigos. Puar nega a deficiência como um infortúnio que deveria ser excluído socialmente a partir de parâmetros normativos. Ao invés disso, analisa a deficiência não apenas como uma contingência pessoal, mas como produto endêmico do funcionamento imperialista relacionado a disputas por soberania e proteção estatal. A autora também critica a noção de deficiência empoderada, que parece estar

---

10. Trinh T. Minh-ha. *Woman Native Other*. Bloomington: Indiana up, 1989.
11. Jasbir Puar, *The Right to Maim: Debility, Capacity, Disability*. Durham: Duke University Press, 2017.

sempre ansiando por uma recapacitação normativa do corpo. Não interessa normalizar as deficiências, nem excluir, e sim fortalecer suas possibilidades e afirmá-las.

A conversão do corpo abjeto a partir de parâmetros capitalistas e de seus padrões produtivos tem se afirmado em uma diversidade de experiências, mas, simultaneamente, parece ativar atitudes inesperadas. Foi o que ocorreu com Keguro Macharia, que fez circular amplamente a sua peça *On Quitting*, na qual detalha sua decisão em deixar uma boa posição acadêmica nos Estados Unidos para retornar ao Quênia. Em 2013, Macharia começou a pensar nas relações geo-históricas, na saturação dos espaços de afeto e na saúde psíquica. Lamentou o tempo acelerado e o isolamento racializado que muitas vezes lhe foi imposto nos Estados Unidos, como se a academia determinasse o que ele deveria desejar, exigindo eterna gratidão pela posição oferecida.

Há, segundo Macharia, uma doença sistêmica que, afinal, não é a doença de uma pessoa específica, mas uma pressão insistente. Não há tempo para refletir, é preciso produzir dentro das regras do sistema e não se pode reclamar de nada quando se faz parte de algum grupo fora dos padrões, pois afinal é como se fosse um privilégio assumir uma posição, ter um emprego, ter uma certa visibilidade. Ele lembra a escritora e ativista

Audre Lorde, que costumava pensar na experiência deficiente em relação a..., ou seja, como fluxos de energia que fluíam de tantas mulheres sobre ela para produzir um conhecimento novo, diferente e mais vitalizado. Assim como a potência, a deficiência não é enclausurada em si mesma: é o tempo todo construída nas relações.

Quando participei, em maio de 2021, do evento Faroffa, a convite de Gabi Gonçalves da Associação Corpo Rastreado, uma das convidadas foi Jota Mombaça, já mencionada anteriormente. Na conversa conosco, ela falou sobre a necessidade da *paragem* e disse algo muito parecido com o que colocou Macharia. Quando passou a ser assediada e convidada para inúmeros eventos nacionais e internacionais, sentiu vontade de parar, de não mais produzir incessantemente. Mas havia sempre uma pressão voltada para o "privilégio" de participar de tantas atividades internacionais.

Há uma dor intermitente nos abusos que insistem. Os problemas não dizem respeito apenas às instituições educacionais acadêmicas, mas também às instituições de saúde e a outras organizações, nas quais tem sido ainda mais evidenciada a necessidade do tempo expandido para não replicar as estratégias do circuito neoliberal produtivo e colonial. Percebo uma zona nebulosa entre aparecer o tempo todo e não aparecer nunca, o que afeta outros contextos relacionados à documentação e ao esquecimento.

No ensaio de Anna Mollow, *Cripystemologies: What Disability Theory Needs to Know about Hysteria*, o foco são justamente as deficiências não documentadas, muitas das quais nem sequer tinham um nome ou eram consideradas relevantes.[12] As doenças somáticas e os distúrbios psicológicos enfrentaram durante anos a resistência dos profissionais da saúde em reconhecer o sofrimento infringido às pessoas, sobretudo às mulheres. Além de Mollow, que estudou com particular interesse a história da histeria, o livro *Unwell Women, Misdiagnosis a Journey through Medicine and Myth in a Man-made World*, de Elinor Cleghorn,[13] traz uma contribuição particularmente importante ao abordar a história dos modos como as doenças (supostamente) femininas foram tratadas em diversos momentos, desde a Grécia Antiga até os tempos atuais. Cleghorn também aborda a histeria e o modo como tantas mulheres saudáveis foram diagnosticadas histéricas, muitas vezes por serem consideradas subversivas. Além disso, fala sobre doenças

---

12. Anna Mollow, "Cripystemologies: What Disability Theory Needs to Know about Hysteria", *Journal of Literary & Cultural Disability Studies*, v. 8, n. 2, 2014, pp. 185–201.

13. Elinor Unwell Cleghorn, *Women, Misdiagnosis a Journey through Medicine and Myth in a Man-made World*. Londres: Weidenfeld and Nicolson, 2021.

consideradas imaginadas, como a endometriose, descrita como um "falso problema feminino" que acometia algumas mulheres durante o período menstrual e as relações sexuais, situações de extrema dor para elas. Além disso, a autora discute questões de saúde pública e as complexidades das doenças autoimunes. Ela mesma relata que sentiu dores terríveis durante sete anos de sua vida, até finalmente ser diagnosticada com lúpus.

A dificuldade em descobrir as origens da dor também foi abordada por Alyson Patsavas, em *Recovering a Cripistemology of Pain: Leaky Bodies, Connective Tissue, and Feeling Discourse*.[14] Nesse ensaio, a autora reuniu uma diversidade de representações da dor, noticiadas em jornais populares e em diários pessoais, investigando a existência de um fluxo por meio do qual a dor atravessa corpos conectados, o que implica criação de coletivos em estados de dor. Patsavas concorda com o que Tobin Siebers chama de "ideologia da habilidade".[15] Isso porque as pessoas que convivem com dores crônicas costumam ser alvo de opressões que as desabilitam para agir, mesmo quando seria

---

14. Alyson Patsavas, "Recovering a Cripistemology of Pain: Leaky Bodies, Connective Tissue, and Feeling Discourse", *Journal of Literary & Cultural Disability Studies*, v. 8, n. 2, 2014, pp. 203–218.
15. Tobin Siebers, "In the name of pain" in Anna Kirkland e Jonathan Metzl (orgs.), *Against Health: How Health Became the New Morality*. Nova York: New York University Press, 2010, pp. 183–94; e, da mesma autora, *Disability Theory*. Ann Arbor: University of Michigan Press, 2008.

possível realizar várias atividades. Isso é salientado na mídia e em filmes quando, diante da intensa dor, torna-se desejável a morte do doente com os chamados suicídios assistidos. O problema, diz Patsavas, não é propriamente tomar esta decisão, mas a generalidade como são tratados os pacientes com dor, como se fossem todos parte de um conjunto monolítico, quando, de fato, a dor é bastante singular em cada caso, o que sugere não haver uma atitude universal definitiva que generalize o corpo com dor e muito menos a necessidade do seu banimento.

O recente livro de Ed Cohen, *On Learning to Heal or what Medicine Doesn't Know*, bem como o anterior, *A Body Worth Defending*,[16] tornaram-se referências para pensar conhecimento e dor.

Cohen começou a pesquisar o sistema imunológico por uma questão pessoal, uma vez que passou boa parte da infância e da adolescência em internações hospitalares em virtude de sintomas de uma doença de Crohn não diagnosticada. Como leitor de Francisco Varela,[17] concordava com a hipótese de que o sistema imunológico é também cognitivo, com habilidades próprias

---

16. Ed Cohen, *On Learning to Heal or what Medicine Doesn't Know*. Durham: Duke University Press, 2023, e *A Body Worth Defending, Immunity, Biopolitics and the Apotheosis of the Modern Body*. Durham: Duke University Press, 2012.
17. Francisco Varela, Eleanor Rosch e Evan Thompson, *The Embodied Mind: Cognitive Science and Human Experience*. Cambridge: mit Press, 1992.

como memória e aprendizagem. Sabia que a metáfora da frente de batalha entre antígenos e anticorpos pedia por nuances cada vez mais complexas. Se a lógica da imunidade fosse restrita às metáforas da guerra, os combates seriam resolvidos mais rapidamente. No entanto, a maioria das doenças, especialmente as autoimunes, mostravam aos médicos e cientistas que o sistema imunológico é inteligente, aprende, lembra e se reinventa em muitos sentidos, tornando os combates tradicionais (ataque e defesa) muito pouco eficientes.[18] Isso nos leva a pensar que o conhecimento nunca se restringiu ao sistema nervoso central e ao cérebro, mas se produz de maneira acontecimental nas relações entre sistema sensório-motor, sistema imunológico, sistema límbico e nas inúmeras pontes fora dos sistemas.

Esses processos cognitivos descentralizados ajudam a lidar com as singularidades motoras. Como afirmaram David T. Mitchell e Sharon L. Snyder,[19] há uma biopolítica da deficiência que instaura novas perspectivas afirmando a noção de corporeidades periféricas compostas por corpos *queer*, obesos, esqueléticos,

---

[18]. A respeito da inteligência do sistema imunológico, ver Francisco Varela e Mark Anspach, "The Body Thinks: The Immune System and the Process of Somatic Individuation" in Gumbrecht Hans Ulrich e K. Ludwig Pfeiffer (org.), *Materialities of Communication*. Stanford, ca: Stanford University Press, 1994.

[19]. David T. Mitchell e Sharon L. Snyder, *Biopolitics of Disability, Neoliberalism, Ablenationalism, and Peripheral Embodiment*. Ann Arbor: University of Michigan Press, 2015.

racializados, com doenças autoimunes, apenas para mencionar alguns. Juntamente com este reconhecimento, afloram também muitos problemas. A noção de aptonacionalismo (*ablenationalism*) e dispositivos de tolerância para incluir os deficientes (tendo em vista, de fato, excluí-los) parecem variações da vida nua que Giorgio Agamben exemplifica ao lembrar a figura do direito romano, *homo sacer*, que corresponderia às vidas matáveis, porém insacrificáveis.[20] Nessas situações, parece que o corpo é paralisado e a doença é mais importante do que o doente, o que incita o processo de extrativismo de subjetividades.

Outro aspecto discutido por Mitchell e Snyder se refere ao que chamam de *cripistemologia curricular* ou *toda criança deixada para trás*. A exclusão começa muito cedo e, para mudar alguma coisa, seria preciso transformar os critérios para reconhecer a pluralidade de conhecimentos desde a escola fundamental, não apenas nos campos de pesquisa já mais especializados.

A esse respeito, penso no projeto *Composto escola, comunidades de sabenças vivas*, cujo extenso levantamento ocorreu entre agosto e novembro de 2021, documentando o fechamento de escolas rurais no Brasil e a criação de experiências pedagógicas que inventavam novos

---

20. Giorgio Agamben, *Homo sacer, o poder soberano e a vida nua*, trad. Henrique Burigo. Belo Horizonte: Ed. da ufmg, 2010.

modos de existir, subvertendo as fronteiras do capital agro-minero-industrial. Talvez esse seja um exemplo brilhante de como repensar conhecimentos. Como pontua Glicéria Tupinambá, trata-se de um processo de desantropomorfizaçãoda educação, em que a formiga se torna o exemplo de comunidade, de trabalho e de organização. Como lembra Mestre Joelson:

> A gente aprendeu muito com os caititu. Um projeto de educação mais que humano, não humano. O caititu, a cotia, o vento, a formiga, o fungo, o beija-flor, a água-viva, os sismos, a abelha, a embaúba, o musgo, a obsidiana, o urubu. E também a onça-pintada, tatu-bola, lobo-guará, asno-selvagem africano, muriqui-do-norte, ariranha, panda-gigante, baleia-azul, arara-azul-de-lear, ararajuba, pinguim africano, peixe-boi-marinho, mico-leão-dourado, sapo-folha. Uma escola também feita como antídoto frente às tantas formas de extinção da vida em pleno curso.[21]

É mesmo uma outra educação. E outros nomes.

No Brasil, não se tem trabalhado muito com os vocabulários *crip*. Em uma visada rápida por algumas plataformas digitais acadêmicas, encontrei apenas duas menções: a comunicação de Jacqueline Lopes Pereira e Francielle Lima, *Estranhamentos e desestabilizações no debate jurídico sobre deficiência: possíveis contribuições da*

---

21. Yuri Firmeza et al., *Composto escola: comunidades de sabenças vivas.* São Paulo: n-1 edições e Roça de Quilombo, 2022, p. 30.

teoria crip à (des)construção da capacidade legal,[22] na área do Direito; e o artigo *As teorias queer e crip no rompimento das epistemologias hegemônicas da psicologia*, de Bruna Amato, Lina Ferrari de Carvalho e Marivete Gesser.[23]

Com certeza deve haver mais estudos a esse respeito, mas a questão que me parece mais instigante é que, mesmo sem usar a terminologia *crip*, há muitas décadas artistas e pesquisadores brasileiros vêm apresentando modos de lidar com as singularidades do corpo de uma forma bastante sintonizada com as principais questões *crip*.

Uma experiência que considero pioneira é a da Cia Teatral Ueinzz, criada em 1997 com os pacientes de uma instituição psiquiátrica, Instituto A Casa, por Sergio Penna e pelo pioneiro dos estudos da performance no Brasil, Renato Cohen (1956–2003). Pouco depois da criação da Ueinzz, o filósofo Peter Pál Pelbart passou a fazer parte do grupo, que hoje é dirigido pela artista e pesquisadora Elisa Band.[24]

---

22. As mestrandas publicaram este texto nos Anais do xi Seminário Internacional Fazendo Gênero. Florianópolis: ufsc, 2017, pp. 1–12.

23. Artigo publicado na *Revista Interamericana de Psicología/Interamerican Journal of Psychology*, v. 56, n. 3, 2022, e1714.

24. Elisa trabalhou com Renato Cohen no final dos anos 1990, quando estudava na Unicamp, depois participou da própria Cia Ueinzz, e é professora do Programa Igual Diferente do Museu de Arte Moderna (MAM), que existe há mais de vinte anos reunindo cursos gratuitos. Informações sobre o programa estão disponíveis em: *https://mam.org.br/igual-diferente/*.

Um dos aspectos que diferencia essa experiência é o fato dessa companhia nunca ter se interessado por arteterapia. O foco, se é que ele alguma vez existiu, sempre esteve voltado para os processos de criação e suas singularidades.

Identifico uma espécie de pororoca epistemológica a partir do encontro entre a lógica aberrante de Gilles Deleuze e Félix Guattari, testada por Peter, e a prática da performance, proposta por Renato, que não buscava aplicar modelos nem conceitos, mas ativar insurgências.

Para esta dupla, assim como para todos os participantes da Ueinzz, nunca pareceu relevante categorizar as experiências, mas, sim, lidar com a potência de cada um e o poder de afetar e ser afetado.

A ponte entre arte, filosofia e vida instaurou um modo de existência que, a meu ver, encontra familiaridades com o que Fernand Deligny chamou de uma rede como modo de ser.[25] Há uma mudança lógica que desvia a criação dos processos individuais para o grupo, sem sabotar as singularidades. Nesse sentido, entendo que, desde o início, a Cia Ueinzz já praticava o que vem sendo a principal argumentação dos cripistemologistas. Não se trata de normalizar ninguém, nem de buscar nenhum modelo de saúde. O grupo sempre foi bastante

---

25. Fernand Deligny, *O aracniano e outros textos*, trad. Lara de Malimpensa. São Paulo: n-1 edições, 2015.

heterogêneo e, como aparece na própria descrição da companhia, o que se compartilha é o sentimento comum de perceber "o mundo vacilando". Um lugar de vulnerabilidade que usa a arte para explicitar as diferenças, sem objetivos, nem metas.[26]

Na dança, é o grupo Cena 11,[27] de Florianópolis, coreografado desde 1994 por Alejandro Ahmed, que me parece ser um dos primeiros a propor uma técnica que parte do corpo doente sem camuflar, normalizar, superar ou criar qualquer tipo de terapia.

Alejandro nasceu com osteogênese imperfeita, uma displasia esquelética que provoca a fragilidade dos ossos e, consequentemente, fraturas sucessivas. Para lidar com esse problema e, mais do que isso, para transformá-lo em dispositivo de criação, desenvolveu uma técnica de dança chamada "percepção física". O objetivo sempre foi mergulhar na questão principal, ou seja, controlar as situações fora de controle, como uma queda violenta ou um acidente.

---

26. Há muitas publicações que analisam os trabalhos da Ueinzz, entre as quais destaco a tese de Ana Goldenstein, *Ueinzz: acontecimento e conexão*. São Paulo: ppgpc-puc, 2018, que se encontra disponível em *https://tede2.pucsp.br/handle/handle/22015*, e um belo texto de Peter Pál Pelbart, "Esquizocenia" in Daniel Lins (org.), *Nietzsche/Deleuze: arte e resistência*. Rio de Janeiro: Forense Universitária, 2007, disponível em *https://www.pucsp.br/nucleodesubjetividade/Textos/Esquizocenia_peter%20pal%20pelbart.pdf*.

27. Ver: *https://www.cena11.com.br/*.

Inicialmente, o treinamento incluía caminhar com próteses e instrumentos ortopédicos para experimentar diferentes restrições e a ativação de novos movimentos. Foram testados também alguns procedimentos de queda e situações de risco que, além de radicalizar as condições de vulnerabilidade, sugeriam ambivalências de estados corporais com o fortalecimento excessivo dos corpos nas situações de maior precariedade e risco. Embora tenha estudado balé clássico e jazz, não há referências explícitas a esses treinamentos em nenhuma de suas obras. Desde os primeiros experimentos (*Respostas sobre dor*, *O novo cangaço*, *In'Perfeito*, *Violência* e *Skinnerbox*), a proposta era testar o efeito da gravidade no corpo, dos limites e do controle, e a transmissão de informações entre corpos animados e inanimados. Em processos de criação mais recentes, o conceito de "corpo vodu" gerou experimentos mais complexos como *Caos Caption*, *Matéria Escura* e *Futuro Fantasma*. As transduções entre voz, máquina, arquivo e presença encontraram novas ressonâncias partindo da recente perda de audição de Alejandro, que tem suscitado uma homeostase e um ecossistema para os quais a diferenciação entre natureza e cultura, organismo biológico e ambiente digital se mostra cada vez mais irrelevante.

A partir de então, escuta e fala vêm sendo mediadas por tecnologias, tendo em vista instaurar novos modos de testar e pensar movimentos e imagens. Em nenhum momento se buscou discutir parâmetros de normalidade, e sim explorar traços singulares e "perdas" como potência de criação.

Outra pesquisa que também tem criado uma rede de resistência, oferecendo uma chave de ativação para performance, é a experiência teórico-prática concebida por Felipe Henrique Monteiro Oliveira.[28]

Felipe é um ativista (ou artivista, como prefere chamar), performer e pesquisador que convive com a amiotrofia muscular espinhal (AME), uma doença neurodegenerativa. Ao lado de sua orientadora de mestrado Nara Salles, cunhou o termo *corpos diferenciados*, para fortalecer a diferença e não apenas a deficiência. Embora tivesse uma perspectiva muito limitada de vida, seguiu publicando e estudando, com passagens pela Universidade Federal de Alagoas, Universidade Federal do Rio Grande do Norte, Universidade Federal da Bahia e Universidade Estadual de São Paulo.[29]

---

28. Felipe Monteiro é o criador do Centro Antonin Artaud no Brasil que conta com integrantes de todos os continentes. Ver: *https://www.centroantoninartaud.com/*.

29. Entre suas publicações, destacam-se os livros *Corpos diferenciados em performance* (São Paulo: Fonte Editorial, 2018), organizado juntamente com Nara Salles; e *Subjetividade(s) e(m) performance: corpo, diferença e artivismo*. Curitiba: crv, 2019.

Além dos livros e das atividades do Centro, Felipe propõe algumas performances que negam qualquer viés assistencialista. A proposta é criar a partir das suas singularidades e evitar os estigmas da deficiência. A ponte com Antonin Artaud se tornou uma estratégia de vida e criação para testar a reinvenção de si. No seu caso, o exercício do corpo sem órgãos emerge de um corpo que é, de saída, desautomatizado e enfrenta incessantemente suas vulnerabilidades para seguir em movimento.

Como explica Kuniichi Uno,[30] de acordo com Artaud, toda organização política integra uma organização de corpo. Os poderes funcionam como forças negativas da vida, e o espaço de forças só pode se abrir quando o corpo organizado é desfeito e conjurado. A arte pode não ser a única possibilidade, mas, sem dúvida, é um dos operadores desse desfazimento, como Felipe vem afirmando em sua trajetória.

Outra pesquisa que tenho acompanhado com enorme interesse é a de Sofia Karam. Ela tem afirmado a doença como um modo de vida e não como um modo de morte. Em seu livro *Corpo em combate, cenas de uma vida*, Sofia rodopia em torno do espectro de uma doença degenerativa que herdou de seu pai.[31] Mas o

---

30. Kuniichi Uno, *Artaud, pensamento e corpo*, trad. Christine Greiner e Ernesto Filho, com a colaboração de Ana Godoy. São Paulo: n-1 edições, 2022.
31. Sofia Karam, *Corpo em combate*. Rio de Janeiro: 7Letras, 2019.

livro não é sobre a doença, nem apenas sobre perdas, mas, sim, sobre o que faz/pensa/sente um corpo doente.

A doença nunca pode ser considerada uma generalidade. O corpo doente é sempre singular. Embora não use o termo *crip*, Sofia ativa indagações que não sucumbem ao esgotamento, mas insistem em encontrar algum movimento e a possibilidade de conhecer para além dos limites epistemológicos, partindo, por exemplo, de movimentos de dança. Mesmo que tenha desejado a morte de seus familiares quando estavam com a vida por um fio, sem se alimentar e com escaras abertas, sua narrativa não se restringe à inevitabilidade da morte: está longe disso, afirmando que um corpo em combate é um corpo em vida que deseja resistir aos determinismos biológicos e à vida normativa.

Na perspectiva desses artistas brasileiros, as artes do corpo e a escrita poética abrem uma dimensão materialista e agnóstica que não aceita categorias transcendentais.

Ao ser consumido pela vida, o artista se afirma como um inventor de técnicas para seguir vivendo de modo subversivo e insubmisso. Quanto mais mergulhamos em suas histórias, maiores são os desafios. Mas enquanto existir alguma faísca de movimento, as conexões insistirão em operar.

Cosmopolítica, sobre o tempo dos idiotas e os corpos sem nome

Em 1996, enquanto Isabelle Stengers[1] trabalhava no primeiro dos sete volumes de *Cosmopolíticas*, descobriu que o termo cosmopolítica afirmava a convicção kantiana de que um progresso geral do gênero humano poderia ser sintetizado na expressão *jus cosmopoliticum*. Não era nada disso que ela queria dizer, mas, àquela altura, parecia tarde demais para abandonar a palavra. A proposta seria, então, ressignificar o termo no sentido de uma vulnerabilidade ao invés de progresso.

O cosmos, para Stengers, não tinha nada a ver com o cidadão antigo se afirmando em seu território, nem com terras unificadas a caminho do progresso. Sua proposição cosmopolítica[2] teria mais a ver com a força dos idiotas.

---

1. Isabelle Stengers, *Cosmopolitiques*. Paris: La Découverte, 1996. Tomo 1.
2. Indico a excelente tradução de Raquel Camargo e Stello Marras do texto de Isabelle Stengers, "A proposição cosmopolítica", *Revista do Instituto de Estudos Brasileiros*, São Paulo, n. 69, 2018, pp. 442–464.

Na Grécia antiga, idiota era aquele que não falava a língua grega, e que por isso se encontrava apartado da civilização. Há uma familiaridade com a palavra "idioma", que seria uma linguagem privada, sem uma comunicação norteada pela transparência e pelo anonimato, ou seja, o próprio intercâmbio entre os locutores.

Stengers lembra que, quando Gilles Deleuze estudou o idiota, tomou o termo emprestado de Dostoiévski, transformando-o em uma personagem conceitual. O idiota seria aquele que sempre desacelera os outros e que resiste à maneira como a situação é apresentada. Ele resiste porque sempre há algo mais importante que ainda não está explícito. O idiota não pode oferecer explicações. A sua eficácia não está em desfazer os fundamentos dos saberes, mas em criar uma escuridão na qual tudo se perde na opacidade.

O idiota mostra, portanto, o risco de nos sentirmos autorizados a ser detentores daquilo que sabemos. Por isso, o cosmos, tal como aparece no cosmopolítico, designa para Stengers o desconhecido. Aquilo que dá existência a mundos múltiplos, divergentes, contra a tentação de uma transcendência que constituiria um ponto de convergência para todos.

De acordo com a autora, o cosmos seria ainda um operador para criar uma inquietude de vozes políticas; um sentimento de que tais narrativas não definem o que discutem.

O problema são sempre os saberes que se consideram autossuficientes, capazes de conhecer de um modo independente dos seus contextos locais. Aquilo que o idiota sussurra nunca transcende os saberes e não tem em si mesmo qualquer significação. O que pode resultar em algo relevante é como o murmúrio dos idiotas surge: de modo acontecimental, modificando a maneira pela qual os argumentos se apresentam.

No caso dos corpos *crip*, algo parecido acontece. Ao serem considerados ineficientes, lentos e improdutivos, os corpos *crip* estão sempre falhando diante dos sistemas organizados, incluindo o próprio organismo. Sussurram nas opacidades aquilo que não está evidente, não é reconhecível nem categorizável.

Suas marcações somáticas singulares abrem caminhos outros de percepção para lidar com os diferentes ambientes, e é justamente nessas trilhas que emerge a potência dos novos movimentos.

Neste sentido, a pesquisa de Mel Y. Chen desbrava questões que também me parecem extremamente importantes. Em sua tese de doutorado sobre animacidades,[3] explica como esse conceito rompe com os dualismos vivo e morto, humano e não humano, os que sabem e os que não sabem.

Chen teve uma formação em linguística, o que a leva a discutir inicialmente, em sua pesquisa, alguns termos e como diferentes línguas lidam com a noção de *animus* ou *anima*, uma vez que nem toda gramática separa sujeito de objeto.

Assim, em vez de focar nos binarismos, Chen pensa em uma *escala cognitiva* que transita entre humanos, animais e seres (supostamente) inanimados, de modo que essas categorias deixam de ser estanques.

Ao propor caminhos para outros modos de percepção e diferentes ambientes, sua pesquisa ajuda a remapear o que chama de *zonas de vida*, que não consideram o ser humano como único produtor de conhecimento.

Chen relata que, nos últimos anos, tem sofrido os efeitos da intoxicação por mercúrio, algo que provavelmente vem acontecendo desde a sua infância. Além do gosto de metal na boca, da dificuldade de locomoção e

---

3. Mel Y. Chen, *Animacies, Biopolitics, Racial Mattering and Queer Affect*. Durham: Duke University Press, 2012.

da sensação de *brain fog* (cérebro nebuloso), sua condição de sujeito começou a ser questionada – algo que muitas vezes ocorre com os corpos *crip* que fogem aos padrões. Segundo Chen, as pessoas ao seu redor pareciam não mais reconhecê-la como um ser humano e sim como algo inanimado. Esta experiência pôs à mostra a necessidade de repensar as categorias estanques da lógica binária, estendendo-se para novas reflexões em torno de outras vidas. Seu reconhecimento de escalas cognitivas para lidar com os corpos singulares acabou tendo muitos desdobramentos, inclusive o de explicitar os problemas decorrentes do antropocentrismo.

Recentemente, uma série de publicações têm proposto uma reativação do termo animismo, para além do escopo colonial. A pesquisa de Chen se mostra fundamental também para esse debate. Embora não me estenda nessas discussões aqui – pois participam de outro projeto que estou desenvolvendo para discutir a retomada não colonial do animismo –, gostaria apenas de pontuar que a proposta de Chen colabora também com esse debate, assim como as pesquisas de outras autoras e autores que integram a coleção *Anima*, dirigida por ela ao lado de Ezekiel J. Dixon-Roman e Jasbir K. Puar, com apoio da Duke University Press.[4]

4. Ver: *https://www.dukeupress.edu/series/ANIMA-Critical-Race-Studies-Otherwise/*.

O que vale destacar neste momento é o modo como Chen usa a presença da toxina no corpo para nos ensinar sobre a ubiquidade das condições vulneráveis e das dores que insistem. A seu ver, mesmo nessas condições, há uma potência no atravessamento de corpos, sejam eles animados ou inanimados, organismos, vírus, e tantas outras bricolagens somáticas que nos rodeiam.

No Brasil, Eliane Brum também fala da intoxicação de mercúrio no corpo pela ação predatória dos garimpeiros na Amazônia e narra, de forma poética e perturbadora, como isso transforma o corpo nublando a relação entre corpo, rio e floresta.[5]

A jornalista vinha viajando pela região desde 1990, e se mudou para Altamira em 2017. Sua descrição desse tipo de intoxicação parte do termo *banzeiro*, que é o modo como o povo do Xingu chama as regiões mais turbulentas do rio. Desde sua mudança para lá, é como se o banzeiro tivesse pulado do rio para o seu corpo; como se não tivesse mais órgãos, apenas um turbilhão dentro de si:

> A Amazônia não é um lugar para onde vamos carregando nosso corpo, esse somatório de bactérias, células e subjetividades que somos. Ela salta para dentro como num bote de sucuri, estrangula a espinha dorsal do nosso pensamento e

---

5. Eliane Brum, *Banzeiro òkòtó, uma viagem à Amazônia centro do mundo*. São Paulo: Companhia das Letras, 2021.

nos mistura à medula do planeta. Já não sabemos que eus são aqueles... O que nos tornamos não tem nome. Não porque não tenha, mas porque não conhecemos a sua língua.[6]

Qualquer tentativa de representação ou narrativa parece fadada ao fracasso. O conhecimento precisa, nesses casos, encontrar outros modos de dizer e silenciar. Não há mais qualquer certeza ou hierarquia de falas.

---

6. Eliane Brum, *Banzeiro òkòtó*, op. cit., p. 10.

Singularidades anárquicas para fabular a dor [1]

Em 2003, Susan Sontag publicou o livro *Diante da dor dos outros*,[2] que, para alguns críticos, foi considerado a continuação de seu ensaio *Sobre fotografia*.[3] No entanto, mais do que um estudo sobre a linguagem e a documentação fotográfica, esse livro já parecia indagar os limites da representação – especialmente em situações de extrema radicalidade e dor (guerras, massacres, doenças terminais etc.).

Sontag, que já havia organizado uma coletânea de textos escritos por Antonin Artaud,[4] argumentava que, para lidar com a dor dos outros, sempre haveria, necessariamente, um colapso das representações. Daí

---

1. No Dossiê Dramaturgias dos afectos: sentimentos públicos e performances, organizado por Ana Pais, publiquei uma versão preliminar desse texto sob o título "Fabular a dor", *Dramaturgias*, v. 18, 2021, pp. 170–180.

2. Susan Sontag, *Diante da dor dos outros*, trad. Rubens Figueiredo. São Paulo: Companhia das Letras, 2003.

3. Susan Sontag, *Sobre fotografia*, trad. Rubens Figueiredo. São Paulo: Companhia das Letras, 2004.

4. Susan Sontag (org.), *Antonin Artaud Selected Writings*. Berkeley: University of California Press, 1988.

o seu interesse em Artaud e em outras experiências radicais que vivenciou como testemunha, como as guerras no Vietnã e em Saravejo, doenças como câncer e inúmeras subversões político-afetivas presentes na noite nova-iorquina. Incomparáveis entre si, todas essas experiências questionavam, cada qual a seu modo, padrões de naturezas diversas.

Outros autores já haviam se dedicado ao tema do colapso das representações, inspirando-se também em Artaud, como foi o caso de Jacques Derrida.[5] No entanto, a questão de Sontag parecia ainda mais específica, no sentido de pensar a fragilidade da representação acionada por estados de dor, um tópico igualmente importante para Derrida, mas nem sempre explícito em sua obra.

Outra pesquisa que me pareceu muito potente é a do crítico James Elkins,[6] que analisou experiências de artes visuais que resistiam às representações reconhecíveis, identificando duas estratégias principais de criação: a dor e a metamorfose. O estado de dor seria, a seu ver, um estado de alerta (*awareness*) para "ouvir" o corpo, e poderia estar relacionado ao próprio corpo ou ao corpo do outro. Nesse segundo caso, Elkins

---

5. Jacques Derrida, *Escritura e diferença*, trad. de Maria B. M. Nizza da Silva. São Paulo: Perspectiva, 2011.
6. James Elkins, *Pictures of the Body, Pain and Metamorphosis*. Stanford: Stanford University Press, 1999.

explica que a empatia poderia ser compreendida como uma espécie de ato involuntário de transferência (uma ponte) para sentir a dor do outro no próprio corpo. Quanto à metamorfose, seria um procedimento que também desafiaria a representação daquilo que lá está (*thereness*), uma vez que um corpo nunca é tal qual é, mas vive em processo, mesmo quando dá a impressão de estar paralisado, como uma imagem pronta, em uma pintura ou fotografia. Há sempre um movimento na aparente imobilidade e, por isso, seria um risco conferir a ilusão do não movimento ao corpo, como se este fosse algo pronto e dado a priori, um objeto ou aquilo que é meramente por ser.

Ao testar a dor a partir de uma espécie de despossessão – ou seja, quando a dor deixa de ser apenas individual e se torna compartilhada –, os processos de criação instauram a possibilidade de tornar visível a gênese da dor como resistência política: um querer viver e não deixar morrer.

Esta noção de despossessão foi desenvolvida por Butler e Athanasiou,[7] e, embora não tenham falado especificamente em estados de dor, o tema da vulnerabilidade esteve sempre presente, assim como a possibilidade de

---

7. Judith Butler e Athena Athanasiou, *Dispossession, the Performative in the Political*. Malden: Polity Press, 2013.

despossessão de si, que ocorreria em proveito do coletivo, afirmando-se como uma forma de resistência e aliança. Ao despossuir-se da dor, compartilha-se afetos que mobilizam o coletivo por empatia ou compaixão. Este movimento teria, segundo as autoras, a potência de converter a vulnerabilidade em criação.

Além deste processo de deslocamento e desconstrução de si, alguns outros operadores, entre os quais destaco a fabulação e a citação, também apresentam modos de lidar com a diferença, a fim de trabalhá-la como ativadora de movimentos.

Isabelle Launay analisou uma diversidade de trabalhos citacionais de gestos do passado usados em experimentos de dança.[8] De acordo com Launay, cada vez que um gesto é citado, ele se torna muito mais do que apenas um elemento inserido na obra. Trata-se de um reativador de tempos, acontecimentos, modos de pensar, concepções de corpo, sentimentos e emoções. Tal entendimento do que seria esta reativação de processos promove um curto-circuito na concepção de transmissão de repertórios que, durante muito tempo, pôs inúmeros desafios para aqueles que se dedicaram a manter o conjunto da obra de companhias e de artistas. Segundo a autora, seu foco de interesse são os efeitos

---

8. Isabelle Launay, *Cultures de l'oubli et citation: les danses d'après ii*. Pantin: Centre National de la Danse, 2018.

da descontinuidade da transmissão. Launay se refere, antes de tudo, aos esquecimentos – muitas vezes relacionados a rupturas históricas –, e não ao repositório de obras como produtos.

A citação seria, portanto, distinta da transmissão. Envolveria a negociação e o reconhecimento de um entendimento tácito entre obras e/ou processos, passando longe da mera transferência gestual ou da realização de textos, coreografias ou partituras dadas a priori. É claro que se pode argumentar que, de todo modo, não há nada que seja uma mera transferência, uma vez que todo gesto promove algum tipo de ativação no sistema coreográfico ou no programa performativo no qual se insere. No entanto, Launay observa que, por vezes, esta ativação é deliberada e explícita, deixando de ser apenas uma decorrência inevitável do processo. É neste sentido que desenvolve o seu questionamento político, lembrando que, de fato, a etimologia de *citare*, em latim, designa uma potência colocada em movimento. Um poder de agir. Assim, a citação já seria, por si mesma, uma ativadora de movimento.

Lidar com a questão do tempo não cronológico também faz parte dessa dinâmica citacional. Mais do que a transmissão da arte do passado para o presente e o futuro, trata-se da arte como operadora coletiva de algo (pensamento, imagem, movimento). Como pontua Mark Franko (atualmente Laura H. Carnell),[9] aquilo que se chama de *reenactment* é uma atitude crítica que questiona a ideologia da reconstrução, gerando uma problematização e uma dramaturgia processual de modos de apresentar. Esta, em vez de apontar para o passado, é lançada para o futuro.

Outro modo de citar concerne aos espectros, que não são propriamente os gestos, mas estão atados a eles. Segundo Giorgio Agamben, o gesto é a comunicação de uma comunicabilidade.[10] Por isso não se trata do que está sendo comunicado como uma mensagem, narrativa ou significado dado, e sim dos modos de comunicar que, muitas vezes, relacionam-se a estratégias espectrais que seguem assombrando por toda uma vida. Essas assombrações têm surgido de maneira particularmente potente nos debates sobre fabulação, quando o poder da ficção é entendido como um modo de tornar visível e reconhecível o que foi apagado ou esquecido. Nesses casos, a opacidade não camufla, mas instiga.

Audre Lorde costumava afirmar que nos drogamos com sonhos de novas ideias. Porém, de fato, não há

---

9. Mark Franco (Laura H. Carnell), *The Oxford Handbook of Dance and Reenactement*. Nova York: Oxford University Press, 2017.
10. Giorgio Agamben, *Meios sem fim: notas sobre a política*, trad. Davi Pessoa. Belo Horizonte: Autêntica, 2015.

novas ideias esperando para nos salvar, seja como mulheres ou como humanos. Só antigas e esquecidas ideias, novas combinações, extrapolações e reconhecimentos dentro de nós. Apenas uma coragem renovada pode tentar lançar tudo isso para fora, mas é preciso, antes, ativar os movimentos. A fabulação tem atuado neste sentido.

Um bom exemplo é o livro de Tavia Nyong'o[11] sobre afrofabulação. O termo fabulação vem sendo usado de formas diferentes e, muitas vezes, refere-se à literatura como uma possibilidade singular de lidar com a ficção como potência para gerar movimentos. No entanto, como observa Nyong'o, a fabulação também cria uma relação de desconstrução entre história e roteiro, reconhecendo a inevitabilidade da imaginação no tempo, como já havia apontado Henry Bergson[12] ao pensar o nexo criativo entre tempo e memória. Nyong'o politiza a discussão, pois está interessado em um viés particularmente singular, mais relacionado ao aparecimento fabulatório de mundos que não foram feitos para sobreviver – caso dos contextos de extermínio ligados à escravidão. Nesse sentido, a afrofabulação poderia ser reconhecida no persistente reaparecimento do que

---

11. Tavia Nyong'o, *Afro-fabulations, the Queer Drama of Black Life*. Durham: Duke University Press, 2018.

12. Henry Bergson, *Matéria e memória: ensaio sobre a relação do corpo com o espírito*, trad. Paulo Neves. 2. ed. São Paulo: Martins Fontes, 1999.

nunca quis, ou nunca pôde aparecer e, em vez disso, esteve o tempo todo "abaixo" das formas de representação. Entendo que este estar abaixo das formas de representação diz respeito ao âmbito da possibilidade das quase-representações, ou seja, daquelas que ainda não são reconhecíveis, nem como narrativa, nem como imagem, e sequer se fazem existir como gesto identificável. É como se tivessem uma existência espectral que não vive nos entrelugares nem nas interfaces, mas se instala no tempo do quase.[13]

A fabulação tem sempre uma relação com o falso, ou melhor, com a potência do falso, mas, de acordo com Nyong'o, nada tem a ver com a mentira, como é comumente discutida. Fabular significaria expor a relação entre verdade e mentira em outros sentidos e não apenas naqueles subservientes aos julgamentos morais e às ideologias (como ocorre, por exemplo, nas atuais *fake news*).

O julgamento de valor está muito atado ao que é; exige uma escavação do passado para chegar ao que

---

13. Charles Sanders Peirce (1839–1914) criou uma teoria de signos apoiada em três categorias. A terceiridade se refere aos hábitos, leis, crenças e símbolos, ou seja, tudo o que já é reconhecido, nomeado e estável. A secundidade seria o fato bruto, o acontecimento, tal qual compreendemos aquilo que existe. Já a primeiridade corresponderia a uma existência de possibilidade, de quase-representação, de quase-signo. Quando Nyon'g fala em algo abaixo da representação, penso em uma existência como possibilidade.

aconteceu. Paira sobre este processo de escavação a crença de que uma verdade pode ser alcançada. No entanto, as narrativas nunca permanecem tal e qual, estão sempre mudando, especialmente quando ocorrem saltos de tempo e desconexão de lugares – o que é inevitável quando nos relacionamos com o passado. Não retornamos literalmente para lugar algum, mas lidamos o tempo todo com um passado presentificado. Escavá-lo não significa chegar ao acontecimento, pessoa ou coisa tal e qual, mas lidar com a imaginação daquilo que foi mergulhado na diferença imposta pelas novas conexões. Assim, lidar com a verdade no passado não alivia a dor. O que se busca na fabulação é algo mais próximo de modos de encontro que permitem à narrativa se reinventar. O poder do falso diz respeito a este processo, ao reconhecimento das mediações que continuam acontecendo desde o primeiro evento até o momento em que se pensa sobre ele. O pensar sobre ele já é explicitar as conexões que foram se criando a partir do deslocamento do passado no passado até chegar no passado presente.

Não se trata de ignorar o que aconteceu, mas de compor uma ecologia de experiências que, não raramente, modifica o acontecido a partir de novas conexões. No caso das doenças, abusos, violências de todo tipo, a questão não é negar as situações e estados corporais, e sim compor a lembrança do que foi (o ato, o diagnóstico, a dor) com novas conexões possíveis. Por exemplo, transformando o *crip* em potência de criação.

Há sempre um corte envolvido nesses processos. Um corte no passado e um corte no presente que torna possível converter o que foi no que possivelmente seria. Ao invés do verdadeiro ou falso fixados como verdade, o poder do falso fabulatório catapulta o acontecimento do passado para o presente e o que virá. O oculto do passado se potencializa nas novas narrativas (escritas, faladas, sonhadas etc.) e, muitas vezes, como observa Nyong'o, é assim que dá visibilidade a mundos que supostamente não deviam existir, dados os interesses neoliberais e os parâmetros de poder vigentes, seja no sentido econômico, político, seja no sentido étnico, sexual etc.

Este debate tem estado presente também em questões pedagógicas, como apresentaram Fred Moten e Stefano Harney em *Undercommons, Fugitive Planning and Black Studies*.[14] Para esses autores, o *undercommons* (comum oculto ou comuns subterrâneos)[15] é menos

---

14. Fred Moten e Stefano Harney, *Undercommons, Fugitive Planning and Black Studies*. Nova York: Minor Compositions, 2013.
15. A tradução de *undercommons* como *comuns subterrâneos* foi proposta pelo professor da Universidade Federal do Ceará, Pablo Assumpção, quando traduziu o livro de Brian Massumi, *99 teses para uma revaloração do valor*. São Paulo: Glac, 2020, p. 10.

uma forma do que uma força. É como se fosse um campo de relações fabuladas no interstício do agora e do ainda não. Essas relações fabuladas seriam, portanto, ativações de uma memória histórica ainda não mobilizada. É disso que tratam também os movimentos políticos. Realizam um corte na memória e mobilizam o acontecimento a partir de novas questões. Ao analisar a referência a obras de arte e/ou movimentos do passado, em processos de criação e reflexões atuais, o crítico de arte Hal Foster[16] propôs a noção de conexões latentes. Algo que poderia ter sido elaborado no passado, mas ganha corpo apenas no presente. Isto não significa que se trata de uma recuperação ou reconstituição do que passou, mas que, ao criar novas articulações deslocando o acontecimento/obra do passado, esta mobilização de tempo-espaço, assim como de todas as outras mediações (políticas, estéticas, cognitivas etc.), ganha vida.

Voltando à concepção de afrofabulação de Nyong'o, sua pesquisa está próxima da fabulação crítica da historiadora feminista Saidiya Hartman[17] e da fabulação especulativa de Donna Haraway.[18]

---

16. Hal Foster. *The Return of the Real*. Cambridge: mit Press, 1996.
17. Saidiya Hartman, *Scenes of Subjection: Terror, Slavery and Self-making in Nineteenth-Century America*. Nova York: Oxford University Press, 1997.
18. Donna Haraway, *SF: Speculative Fabulation and String Figures*. Ostfildern: Hatje Cantz Verlag, 2012.

Embora as questões que mobilizam Hartman e Haraway não sejam as mesmas, de acordo com ambas, a fabulação seria um modo de explicitar histórias invisíveis, sempre encobertas por questões políticas e dispositivos de dominação. Hartman tem escrito extensivamente sobre mulheres afro-americanas, literatura, escravidão e outros temas correlatos. Em *Scenes of Subjection*, há um capítulo intitulado *Redressing the Pained Body*, no qual revestir o corpo implica agir contra as demandas do sistema, negociando todo tipo de disciplinarização e lidando com o corpo como ambiente de possibilidades. A dor é reconhecida em sua historicidade como uma articulação de condições sociais com restrição brutal e violência constante. Seria, portanto, uma condição de violentação do corpo. Para Hartman, a dor é uma condição normativa que abrange a subjetividade legal do escravizado, as linhas de força da injúria e da punição, e os prazeres do melodrama. Segundo a autora, estes prazeres do melodrama não seriam, propriamente, uma inexpressão da dor das vítimas, mas a suposição de que pessoas negras seriam, na fantasmagoria branca, imunes à dor. Hartman considera que este sintoma colonial, mais uma vez, relaciona-se com o silenciamento das narrativas e o desaparecimento dos mundos. Nesse sentido, o melodrama aproxima-se da espetacularização da dor, bastante presente na fotografia, no cinema, nas novelas televisivas e até mesmo em algumas experiências das artes do corpo, que, ao estetizarem a tragédia e a dor, banalizam a situação, fazendo com que as narrativas permaneçam inaudíveis e invisíveis, e, por conseguinte, subservientes aos sentimentos e impressões daqueles que detêm o poder.[19]

Donna Haraway, por sua vez – famosa desde a publicação do *Manifesto ciborgue* em 1985 –, tem continuado a pesquisar corpos, tecnologias, feminismos, multiespécies e comunidades diversas. Sua noção de fabulação especulativa foi, em parte, inspirada por Marilyn Strathern, a partir da pesquisa de campo que esta antropóloga desenvolveu na Nova Guiné. Ela observava como a escolha das ideias usadas para pensar outras ideias impactava a análise dos acontecimentos, assim como faz diferença observar quais são as histórias que contamos para contar outras histórias. Strathern sempre considerou a antropologia uma prática de conhecimento para estudar relações a partir do momento em que colocamos tais relações em risco com mundos inesperados.

---

[19]. Os livros de Saidiya Hartman começaram recentemente a ser publicados no Brasil, entre eles: *Perder a mãe: uma jornada pela rota atlântica da escravidão*, trad. José Luis Pereira da Costa. Rio de Janeiro: Bazar do Tempo, 2021; e *Vidas rebeldes, belos experimentos: histórias íntimas de meninas negras desordeiras, mulheres encrenqueiras e queers radicais*, trad. Floresta. São Paulo: Fósforo, 2022.

Pensando nessas questões, Haraway reuniu bibliografias distintas entre si. Para o tema das fabulações, lembrou também de Marleen Barr, autora de *Feminist Fabulation*,[20] obra pioneira neste debate. Barr explica que começou a levantar vários textos ficcionais escritos por mulheres, e que não fazem parte dos levantamentos bibliográficos acerca do feminismo ou das histórias de violência feminina. Embora seja um material riquíssimo, que muitas vezes problematiza mais profundamente as questões do que a escrita acadêmica convencional, os textos foram negligenciados por serem considerados ficções que nada têm a ver com a realidade. No entanto, Barr considerou estes textos fundamentais, pois abrem espaços que vão além das fronteiras do patriarcado.

No decorrer de sua pesquisa, Haraway concluiu também que a presença do ciborgue – que também instaura, de certa forma, um mundo inesperado – nunca foi, de fato, uma hibridação entre humanos e máquinas, mas um modo de implodir a compartimentação entre humanos, máquinas e organismos multiespécies. Nesse sentido, o ciborgue teria sido sempre uma fabulação. Um exercício não binário de naturezacultura em ação.

---

20. Marleen Barr, *Feminist Fabulation: Space/Postmodern Fiction*. Iowa City: University of Iowa Press, 1992.

Ao estudar todas essas bibliografias, Nyong'o considera ainda que a fabulacionalidade é uma metodologia transdicisplinar. Não se trata de incluir momentos de fantasia em uma história dada, mas de fazer emergir, no fluxo de vida e morte, uma vida que talvez seja a maior ficção de todas, e, em sua ficcionalidade, é o que nos faz sentir a dor do outro. Esta seria também uma perspectiva possível para mergulhar no que Jota Mombaça identifica como a plantação cognitiva ou a ficção poética em que opaco também quer dizer quilombo.[21]

Em seu ensaio sobre plantação cognitiva, Mombaça inicia a narrativa falando de Dana, que seria a personagem central do livro *Kindred: laços de sangue*, da escritora Octavia Butler.[22] Este texto intercala duas dimensões temporais: um presente situado na década de 1970, quando a luta por direitos civis das populações marginalizadas pelos regimes democráticos ganhava mais e mais força; e um passado que remonta à primeira metade do século XIX, quando o sistema escravista antinegro estava muito fortalecido. É como se o corpo negro de Dana fosse a ponte entre esses dois tempos, e o corpo negro estivesse enredado em distintas linhas

---

21. Jota Mombaça, "A plantação cognitiva", *MaspAfterall*, n. 9, 2020, pp. 3–11. Disponível em: *https://masp.org.br/arte-e-descolonizacao*.
22. Otavia E. Butler, *Kindred: laços de sangue*, trad. Carolina Caires Coelho. São Paulo: Morro Branco, 2017.

temporais quando se define a relação entre as vidas negras e o mundo que nos foi dado a conhecer. Dana é catapultada para o passado, aterrisando na cena histórica da escravização.

Embora Butler trabalhe com a ficção especulativa, isto não significa que a ficção comprometa o debate político. Pelo contrário, sua leitora é lançada para as próprias narrativas de sua vida e da vida de seus ancestrais. Nesse caso, a plantação não é apenas uma metáfora para os campos de escravidão, mas articula a sujeição negra em favor da reprodução de um sistema produtivo que dá continuidade ao sistema escravocrata, na medida em que torna os processos de extração de valor um regime de violência contra as pessoas negras.

Outro exemplo importante é o ensaio *Vênus em dois atos*, de Saidiya Hartman.[23] A autora fala de Vênus, uma moça negra morta cuja presença ubíqua nos arquivos da escravidão atlântica revela uma convergência entre o prazer e o terror na economia libidinal da escravidão. Ela aparece nomeada Harriot, Phibba, Sara, Joanna, Rachel, Linda e Sally. No entreposto de escravos, no oco do navio negreiro, na casa de pragas, no bordel, na jaula, no laboratório do cirurgião, na prisão, no

---

23. O ensaio de Hartman foi traduzido e publicado no Dossiê Crise, Feminismo e Comunicação, na revista *Eco-Pós*, v. 23, n. 3, 2020, pp. 12–33. Disponível em: *https://revistaecopos.eco.ufrj.br/eco_pos/article/view/27640/pdf*.

canavial, na cozinha, no quarto do senhor de escravos, tanto faz o lugar, em todos eles será chamada de Vênus. Mas ninguém se lembra do seu nome. Ninguém documentou o que ela disse ou o que se recusou a dizer. Foram necessários muitos séculos para que ela pudesse "provar a sua língua".

Ao perguntar "Quem é Vênus?", parece impossível responder, uma vez que há milhares de outras garotas nas mesmas circunstâncias. Suas histórias nunca são sobre elas mesmas, mas sobre a violência, o excesso, a falsidade e a razão que se apoderaram de suas vidas, transformando-as em mercadorias e cadáveres ou em insultos e piadas grosseiras. O arquivo, nesse caso, é uma sentença de morte, um túmulo, uma exibição do corpo violado, um inventário de propriedade, um tratado médico sobre gonorreia, a vida de uma prostituta, um detalhe invisível na narrativa histórica.

A erosão esculpindo novos *mundos*

Como desobrar corpos e sistemas?

Ao final de suas *99 teses para uma revaloração do valor*, Brian Massumi lista algumas proposições como uma espécie de fabulação para projetar uma economia pós-capitalista. Ainda não chegamos nessa proposta, que seria "uma combinação de linhas de resistência necessárias para cavar buracos no tecido neoliberal existente, para que ele comece a respirar".[1]

Mas há questões importantes para discutir. Massumi menciona, por exemplo, a noção de mais-valor que inicialmente foi traduzida a partir da obra de Karl Marx como mais-valia. O mais-valor estaria longe de ser reduzido à exploração do trabalho, como se este fosse o único produtor de valor. Ao invés disso, poderia ser compreendido como um operador processual com muitas implicações, entre as quais, o questionamento acerca de parâmetros de sucesso e competência – algo que está presente nas discussões de todos os corpos *crip*.

1. Massumi, *99 teses para uma revaloração do valor*, op. cit., p. 14.

O mais-valor seria qualitativo e não quantitativo, como um mais-valor de vida, caracterizando o que poderia ser um excesso de vivacidade espalhado pelo mundo, carregando um potencial de criação. Mais--valor seria, portanto, um valor de relação, que emerge sempre coletivamente, excedendo o individual e a soma das partes. Na economia capitalista, o mais-valor é um valor monetário que padroniza tudo ao converter a vida em dinheiro gerando dinheiro, lembrando o que Michel Foucault e seus comentadores identificaram como uma economização da vida.

No contexto do pós-capitalismo, o afeto seria o potencial de evento relacional e seu registro intensivo. Pensar as políticas para a vida diria respeito sobretudo à intensidade dos encontros.

Mas as dificuldades não cessam de impedir esta transição. Como explica Achille Mbembe,[2] há uma radicalidade no século XXI que já vinha surgindo ao longo dos séculos anteriores, mas que agora parece testemunhar uma nova condição em que todas as esferas da existência estão penetradas pelo capital. Corpos, espaços, matérias, fronteiras, nada cessa de se metamorfosear.

---

2. Mbembe, *Brutalismo*, op. cit.

No entanto, nessas circunstâncias, a metamorfose não necessariamente ativa um processo de criação e, na sua versão mais estagnada, pode ser chamada de brutalismo.

Para falar sobre possibilidades subversivas, que racham a solidez do sistema, costuma-se pensar em brechas, entrelugares, bordas. Mas estranhezas parecem emergir por toda parte, a todo momento. Às vezes, convivemos com elas em casa, na vizinhança e, não raramente, fazem parte de nós. Há uma necessidade de inventar nomeações para dar visibilidade às invisibilidades. Assim, além do próprio termo cripistemologia, surgiram as epistemologias de acesso, de derrapagem, beiradas, nuvens e muitas outras. As palavras buscam fabular as condições de brutalismo, explicitando os extrativismos de vida.

Imbuída dessa mesma tarefa, tenho pensado no termo erosão como uma ação muitas vezes imperceptível e que, com o passar do tempo, acaba desmoronando muros, fronteiras, encostas, transformando todos os limites em algum tipo de precipício. A erosão é uma revolução silenciosa.

Se o confronto macropolítico e a "superação" capitalista para um pós-capitalismo parecem cada vez mais distantes e improváveis, talvez a erosão faça mais sentido, neste momento, do que a escavação de brechas e entrelugares.

Trata-se de uma metáfora concreta e corpórea (a pedra que se desgasta na encosta, a ação do vento e dos rios e outros agentes geológicos detonando fronteiras). Abriga também um aspecto temporal fundamental, presente em todo processo corrosivo que nunca é imediato, mas perceptível apenas no longo prazo.

Antes mesmo de a terminologia *crip* surgir, a ação de erosão já havia começado a corromper categorias, binarismos e todos os modos de organização criados para alimentar zonas fictícias de conforto e metas a serem cumpridas.

Suas ações fabulatórias não somente mergulham nas narrativas silenciadas, mas fortalecem as estratégias para lidar com as pluralidades como estados possíveis de criação.

Nada será solucionado. Não há perspectiva de reparação, cura, normalização ou replicação de modelos. E o anestesiamento também não é uma opção.

Como dizia Clarice Lispector, "criar não é imaginação, é correr o risco de se ter realidade".[3]

Que novos mundos nos surpreendam em meio às ruínas!

---

3. Clarice Lispector, *A paixão segundo G.H.* Rio de Janeiro: Rocco, 2009, p. 21.